URSUS WEHRLI · L'ART EN BAZAR

L'ART EN BAZAR

URSUS WEHRLI

PRÉFACE DE L'ÉDITEUR

MILAN
jeunesse

Avec mes remerciements bien ordonnés à mes parents, Brigitta Schrepfer et Nadja Sieger

1ère de couverture : Vincent Van Gogh, *La Chambre de Van Gogh à Arles*, 1888 ; Ursus Wehrli, 2002
4ème de couverture : René Magritte, *Golconde*, 1953 (détail du tableau) ; Ursus Wehrli, 2002

Loi 49.956 du 16.07.1949 sur les publications destinées à la jeunesse.
Dépôt légal : 2e trimestre 2009
ISBN : 978.2.7459.1142.1
Imprimé en Belgique

« Range ta chambre, le fouillis gêne mon regard... » L'antienne est un grand classique des relations parents – enfants. Et si brusquement l'imagination l'emportait et déréglait la machine bien huilée. D'ailleurs pourquoi ne rangerait-on pas un tableau comme on range une chambre : pour satisfaire une vision ordonnée des choses, sa propre conception de l'ordre. L'idée n'est pas neuve. Il suffit de prendre au pied de la lettre la courte phrase écrite en 1890 [1], par un tout jeune homme, le peintre français Maurice Denis alors âgé de vingt ans : « Se rappeler qu'un tableau – avant d'être un cheval de bataille, une femme nue ou une quelconque anecdote – est essentiellement une surface plane recouverte de couleurs en un certain ordre assemblées. »

Ursus Wehrli l'a fait. Il propose ici une présentation soigneusement ordonnée de plusieurs tableaux de peintres célèbres figuratifs et abstraits. Ou ne les jette-t-il pas plutôt dans un formidable chaos... révélateur d'art ? Décider de trier les éléments du tableau pour les réordonner selon une grille personnelle c'est d'abord rigolo, loufoque et impertinent. Un jeu de l'esprit et un jeu visuel particulièrement ingénieux. Mais cette volonté de perturber l'ordre des choses, cette part de désordre ressort aussi d'un procédé artistique mis en œuvre il y a une vingtaine d'années par l'artiste hongroise Vera Molnar dans une pièce intitulée *Un pour cent de désordre* [2].
Ursus Wehrli sème son désordre méthodiquement. Il met au point trois modes de rangement des tableaux qui ont tous à voir avec l'histoire de l'art et l'univers des enfants. Avec en vedette le découpage et son pendant artistique : les papiers collés.

Pour ranger on peut faire des tas organisés de façon géométrique et chromatique. Les tas peuvent être verticaux en empilant les formes de même couleur comme un jeu de cubes (Paul Klee, Wassily Kandinsky ou Keith Haring). Les tas peuvent aussi être horizontaux en alignant à la queue leu leu les éléments monochromes ou les motifs identiques, sélectionnés du plus grand au plus petit (René Magritte, Henri Matisse).
Pour ranger on peut aussi assembler les pièces d'un puzzle, c'est-à-dire les différents éléments composant le tableau, par exemple en formant une figure comme celle du dôme (Kasimir Malévitch, Pieter Bruegel).
Enfin on peut ranger, et ça les enfants le savent bien, en planquant les objets comme Ursus Wehrli cache les éléments du tableau dans un coin ou derrière une page (Vincent Van Gogh, Pieter Bruegel).

Et c'est ainsi qu'apparaissent des œuvres nouvelles qui incitent à revisiter les tableaux originaux non au travers de l'histoire de l'art, mais grâce à la sensibilité unique du regard et en toute liberté. Histoire de laisser, ainsi que l'écrivait Paul Klee « l'œil [suivre] les chemins qui lui ont été ménagés dans l'œuvre ».

1. Il s'agit d'un article intitulé « Définition du néo-traditionnisme », manifeste du mouvement nabis, qui servit en fait d'étendard à de nombreux défenseurs de l'art abstrait.
2. Dans ce recueil composé de vingt planches identiques, l'artiste introduisait dans chacune d'elles un pour cent de désordre localisé différemment d'une planche à l'autre.

Paul Klee, *Planche de couleur « q^{u}1 »*

Wassily Kandinsky, *Tache rouge II*

Henri Matisse, *Nu bleu IV*

Kasimir Malévitch, *Le Bûcheron*

René Magritte, *Golconde*

Pablo Picasso, *L'Autruche*

Keith Haring, *Sans titre*

Vincent Van Gogh, *La Chambre de Van Gogh à Arles*

Alexej von Jawlensky, *Tête mystique : Galka*

Piet Mondrian, *Composition au rouge, bleu et jaune*

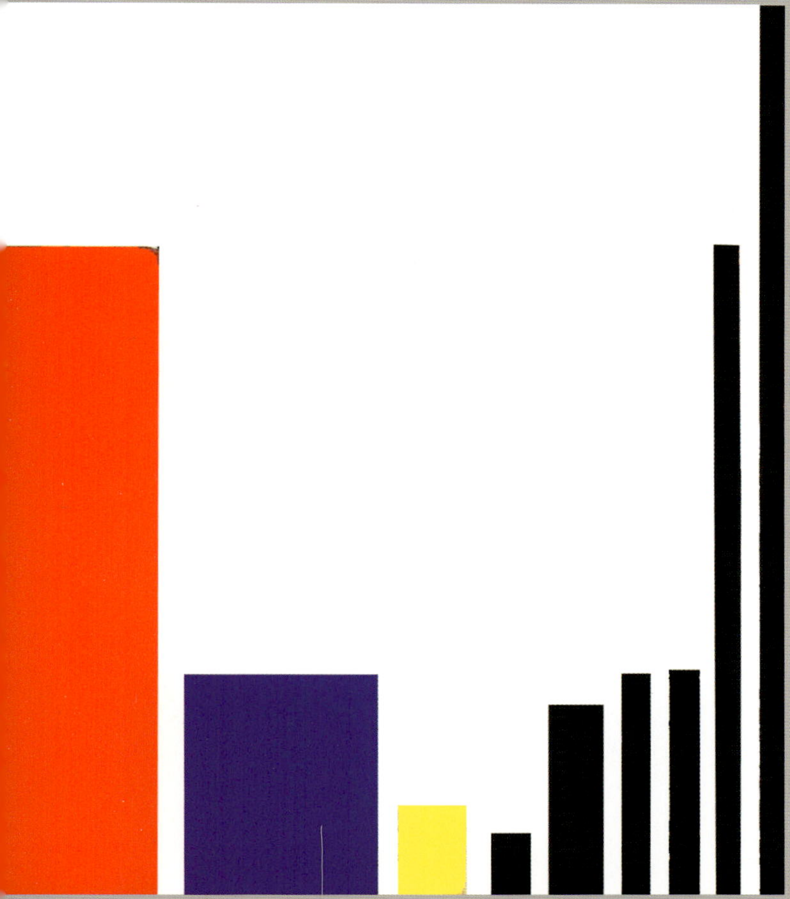

Paul Klee, *tenir bon !*

Georges Seurat, *Les Poseuses*

Kasimir Malévitch, *Suprématisme (avec triangle bleu et rectangle noir)*

Pablo Picasso, *Femme assise dans un fauteuil rouge*

René Magritte, *Les Jeunes Amours*

Wassily Kandinsky, *Bleu de ciel*

August Macke, *L'Étalage de mode*

MODE

Roy Lichtenstein, *Grrrrrrrrrrr !!*

• x 5711

Pieter Bruegel, *Le Combat entre carnaval et carême*

A aaaaaaaaaaaaaaaaaaaaaaaaaaaaaaaaaaaaaaaaaaaaaaaaaaaaaaaaaa
aaaaaaaaaaaaaaaaaaaaaaaaaaaaaaaaaaaaaaaaaaaaaaaaaaaaaaaaaaa
aaaaaaaaaaaaaaaaaaaaaaaaaaaaaaaaaaaaaaaaaaaaaaaaaààààààââ

BB bbbbbbbbbbbbbbbbbbbbbbbbbbbbbb

cccccccccccccccccccccccccccccccccccccccccccccccccccccccccccccccçççç

DDDDD ddddddddddddddddddddddddddddddddddddddddddddd
ddddddddddddddddddddddddddddddddddddddddddddddddd*ddd*

EEE eeeeeeeeeeeeeeeeeeeeeeeeeeeeeeeeeeeeeeeeeeeeeeeeeeeeeeeeeeeeeeeeeeeeeee
eeeeeeeeeeeeeeeeeeeeeeeeeeeeeeeeeeeeeeeeeeeeeeeeeeeeeeeeeeeeeeeeeeeeeeeeeeeee
eeeeeeeeeeeeeeeeeeeeeeeeeeeeeeeeeeeeeeeeeeeeeeeeeeeeeeeeeeeeeeeeeeeeeeeeeeeee
eeeeeeeeeeeeeeeeeeeeeeeeeeeeeeeeeeeeeeeeeeeeeeeeeeeeeeeeeeeeeeeeeeeeeeeeeeeee
eeeeeeeeeeeeeeeeeeeeeeeeeeeeeeeeeeeeeeeeeeeeeeeeeeeeeeeeeeeeeeeeeeeeeeeeeeee*e*
*ee*éé*é*èèèèèèêêêê

fffffffffffffffffffffffffffff

G gggggggggggggggggggggggggggggggggggggg

HHH hhhhhhhhhhhhhhhhhhhhhhhhhhhhhh

IIII iiiiiiiiiiiiiiiiiiiiiiiiiiiiiiiiiiiiiiiiiiiiiiiiiiiiiiiiiiiiiiiiiiiiiiiiiiiiiiiiiiiiiiiiiiiii
iiiiiiiiiiiiiiiiiiiiiiiiiiiiiiiiiiiiiiiiiiiiiiiiiiiiiiiiiiiiiiiiiiiiiiiiiiiiiiiiiiiiiiiiiiiiiiiiiiiiii

jjjjjj

KKKKK k

LLLLL llllllllllllllllllllllllllllllllllllllllllllllllllllllllllllllllllllllllllllllllllllllllllllllllllllllllllllllllllllllllllllllllllll

MMMMMM mmmmmmmmmmmmmmmmmmmmmmm
mmmmmmmmmmmmmmmmmmmmmmmmmmmmm

nnnnnnnnnnnnnnnnnnnnnnnnnnnnnnnnnnnnnnnnnnnnnnnnnnnnnnnnnnnnnnnnnnnnnnn
nnnnnnnnnnnnnnnnnnnnnnnnnnnnnnnnnnnnnnnnnnnnnnnnnnnnnnnnnnnnnnnnnnnnnnn
nnnnnnnnnnnnnnnnnnnnnnnnnnnnnnnnnnnnnnnnnnnnnnnnnnnnnnnnnnnnnnnnnnnn*nn*

O oooooooooooooooooooooooooooooooooooooooooooooooooooooooooooo
ooooooooooooooooooooooooooooooooooooooooooooooooooooooooooooo*oo*óôœ

PPPPPP pppppppppppppppppppppppppppppppppppppppppppppppppppppppppppppppp*p*

qqqqqqqqqqqqqqqqqqqqqqqq

RR rrrrrrrrrrrrrrrrrrrrrrrrrrrrrrrrrrrrrrrrrrrrrrrrrrrrrrrrrrrrrrrrrrrrrrrrrrrrrrrrrrrrrrrrrrrrrr
rrrrrrrrrrrrrrrrrrrrrrrrrrrrrrrrrrrrrrrrrrrrrrrrrrrrrrrrrrrrrrrrrrrrrrrrrrrrrrrrrrrrrrrrrrrrrrrrrr*rrr*

S ssssssssssssssssssssssssssssssssssssssssssssssssssssssssssssssssssssssssssssssssssssssssssssssssssss
ssssssssssssssssssssssssssssssssssssssssssssssssssssssssssssssssssssssssssssssssssssssssssssssssssssss*s*

ttttttttttttttttttttttttttttttttttttttttttttttttttttttttttttttttttttttttttttttttttttttttttttttttttttttt
tttttttttttttttttttttttttttttttttttttttttttttttttttttttttttttttttttttttttttttttttttttttttttttttttttttt*t*

UUUU*U* uuuuuuuuuuuuuuuuuuuuuuuuuuuuuuuuuuuuuuuuuuuuuuuu
uuuuuuuuuuuuuuuuuuuuuuuuuuuuuuuuuuuuuuuuuuuuuuuuuuuuuuuu
uuuuuuuuuuuuuuuuuuuuuuuuuuuuuuuuuuuuuuuuuuuuuuuuuuuuuu*u*

VVV*V* vvvvvvvvvvvvvvvvvvvvvvvvvvvvvvvvv

WWWW

xxxxxxxxx

yyy

zzzz

.... ,,,,,,,,,,,,,,,,,,,,,,,, ::: ——— ------------- «««« »»»» ”””””””””””””””””””””””””””””””” (((( )))) [ ] ?

11 22 8 9 0

Né en 1969, Ursus Wehrli est gaucher, original, un peu rebelle, et plus sérieusement typographe de formation. Depuis une quinzaine d'années, il se produit avec Nadja Sieger dans un duo comique à succès, *Ursus & Nadeschkin*. En Allemagne, en Suisse ou encore aux États-Unis, son spectacle a remporté un vif succès. À Zurich, où il vit, Ursus Wehrli exerce ses talents variés de comique, d'artiste de cabaret... et d'artiste tout court.

www.ursusnadeschkin.ch

Photo : Tom Kawara

LÉGENDES ET CRÉDITS

6 Paul Klee (1879 – 1940), *Planche de couleur « $q^{u}1$ »*, 1930, 71 (Qu 1)
Pastel sur colle teintée sur papier et carton, 37,3 x 46,8 cm, Öffentliche Kunstsammlung Basel, Kupferstichkabinett, donation de la Klee-Gesellschaft, Berne, Inv. Nr. 1948.110,
source : © Öffentliche Kunstsammlung Basel, Martin Bühler. © ProLitteris, 2003, 8033 Zurich

8 Wassily Kandinsky, *Tache rouge II*, 1921 (détail du tableau)
Städtische Galerie im Lenbachhaus, Munich,
source : © Städtische Galerie im Lenbachhaus, Munich.
© ProLitteris, 2003, 8033 Zurich

10 Henri Matisse, *Nu bleu IV*, 1952
Musée Matisse, Nice, source : © François Fernandez
© 2003, Succession H. Matisse/ProLitteris, 8033 Zurich

12 Kasimir Malévitch, *Le Bûcheron*, 1912
Stedelijk Museum Amsterdam, source : © Stedelijk Museum Amsterdam

14 René Magritte, *Golconde*, 1953 (détail du tableau)
The Menil Collection, Houston, source : © The Bridgeman Art Library.
© ProLitteris, 2003, 8033 Zurich

16 Pablo Picasso, *L'Autruche*, 1942
Musée national Picasso, Paris. © ProLitteris, 2003, 8033 Zurich

18 Keith Haring, *Sans titre*, 1986
Sammlung Hoffmann Berlin, source : © Sammlung Hoffmann Berlin.
© The Estate of Keith Haring

20 Vincent Van Gogh, *La Chambre de Van Gogh à Arles*, 1888
Rijksmuseum Vincent Van Gogh, Fondation Vincent Van Gogh, Amsterdam,
source : © The Bridgeman Art Library

22 Alexej von Jawlensky, *Tête mystique : Galka*, 1917
Norton Simon Foundation, Galka Scheyer Collection, Pasadena,
source : © AKG Berlin. © ProLitteris, 2003, 8033 Zurich

25 Piet Mondrian, *Composition au rouge, bleu et jaune*, 1930
Kunsthaus Zürich, source : © The Bridgeman Art Library.
© 2009 Mondrian / Holtzman Trust c/o HCR International, Virginia, USA

26 Paul Klee (1879 – 1940), *tenir bon !*, 1940, 337 (G 17)
Pastel sur papier sur carton plié, 29,6 x 20,9 cm,
Paul-Klee-Stiftung, Kunstmuseum Bern, Inv Nr. Z 2234,
source : © Paul-Klee-Stiftung, Kunstmuseum Bern.
© ProLitteris, 2003, 8033 Zurich

28 Georges Seurat, *Les Poseuses*, 1886 – 88
The Barnes Foundation, Merion, source : © reproduit avec la permission de The Barnes Foundation TM BF#811. Tout droits reservés.
Source page 29 : © Geri Born

30 Kasimir Malévitch, *Suprématisme (avec triangle bleu et rectangle noir)*, 1915
Stedelijk Museum Amsterdam, source : © AKG Berlin

32 Pablo Picasso, *Femme assise dans un fauteuil rouge*, 1931
The Art Institute of Chicago, source : © The Bridgeman Art Library.
© ProLitteris, 2003, 8033 Zurich

34 René Magritte, *Les Jeunes Amours*, 1963
Collection privée, source : © Galerie Christine and Isy Brachot, Bruxelles.
© ProLitteris, 2003, 8033 Zurich

36 Wassily Kandinsky, *Bleu de ciel*, 1940
Musée national d'Art moderne, Centre Georges Pompidou, Paris,
source : © The Bridgeman Art Library.
© ProLitteris, 2003, 8033 Zurich

38 August Macke, *L'Étalage de mode*, 1913
Museum Ludwig, Cologne,
source : © Rheinisches Bildarchiv Köln

40 Roy Lichtenstein, *Grrrrrrrrrrr !!*, 1965
Solomon R. Guggenheim Museum, New York,
source : © The Solomon R. Guggenheim Foundation, New York.
© ProLitteris, 2003, 8033 Zurich

42 Pieter Bruegel, *Le Combat entre carnaval et carême*, 1559
Kunsthistorisches Museum Wien,
source : © The Bridgeman Art Library